Favell ADJE

Mon voyage littéraire

AF523223

Favell ADJE

Mon voyage littéraire

Adeti ou la jeune prodige

Éditions Muse

Imprint

Any brand names and product names mentioned in this book are subject to trademark, brand or patent protection and are trademarks or registered trademarks of their respective holders. The use of brand names, product names, common names, trade names, product descriptions etc. even without a particular marking in this work is in no way to be construed to mean that such names may be regarded as unrestricted in respect of trademark and brand protection legislation and could thus be used by anyone.

Cover image: www.ingimage.com

Publisher:
Éditions Muse
is a trademark of
Dodo Books Indian Ocean Ltd., member of the OmniScriptum S.R.L Publishing group
str. A.Russo 15, of. 61, Chisinau-2068, Republic of Moldova Europe
Printed at: see last page
ISBN: 978-620-3-86611-7

Copyright © Favell ADJE
Copyright © 2021 Dodo Books Indian Ocean Ltd., member of the OmniScriptum S.R.L Publishing group

1-*LES INQUIÉTUDES DE GRAND-MÈRE.

: Pendant les vaccances oncle Bernard reçu la visite d'un couple ami français. Il y a avait le mari(Jacques), sa femme amie et leurs deux enfants,le dernier ayant déjà plus de 14ans.Il passèrent trois semaines avec toute la famille composée des frères d'oncle Bernard et de leurs enfants respectifs. Chacun des frères avait au moins six enfants.Il y avait dans la concession la nièce et l'une des tantes de Bernard.Un soir, intrigué par le tout petit nombre de la famille de jacques ,la grand- mère interrogea son petit fils,fidèle compagnon du petit français,en ces termes.<<Dis-moi Ignace, pourquoi la mère de ton ami n'a que deux enfants,n'ont-ils pas assez de nourriture dans leur village ou bien pas suffisamment de place dans leur case?>>

Le visage d'ignace montrait des traces de sourire auxquels se mêlaient l'ignorance et la franchise de grand-mère.Une fois ses esprits repris ce dernier répondit :

<<Grand-mère c'est un bon constat que vous aviez fait là.Après les nombreuses années que j'ai passé en France avec Jacques j'ai eu le temps de comprendre qu'en Françe ,et dans bien d'autres pays européens,que le nombre des naissances est limité. Pas toujours à cause des restrictions gouvernementales mais à cause des responsabilités qu'induit la procréation.Voyez-vous la mentalité des européens comme Jacques est faite de telle manière qu'il préfère avoir peu d'enfants et d'en prendre soin. Que d'avoir tout une orde de bambins à éducation douteuse.>>

Grand -mère ne laissa pas Ignace continuer son discours de plaidoirie pour la cause européenne.

<<Mon cher Ignace je ne t'ai posé qu' une seule question !!

Apparemment ces blancos ont rempli ta tête de sotises. J'aurai bien aimé te tirer les oreilles comme autrefois mais ma condition physique ne me permet plus de le faire. Ne sais-tu pas que la richesse , la considération d'un bon africain dépend du nombre de progénitures que ce dernier a ...je savais bien que c'était une mauvaise idée de suivre ce blanco... soit..>>

Sous un regard hargar Ignace observait sa grand-mère s'en aller au moyen de sa canne telle une tortue assoiffée.

Plus tard dans la soirée oncle Bernard organisa une fête en l'honneur du retour d'ignace ainsi que de son ami Jacques.

Les préparatifs avaient commencé depuis un moment.

Enfant, adulte,vieillard tous étaient conviés au festin. Les soeurs d'Ignace se chargaient d'approvisionner le fameau tonneau du village avec l'eau du marigot .Quand soudain la femme de Jacques commis la terrible erreur de s'asseoir sur le pupitre destiné à l'adoration du fétiche du village. En observant cette scène Grand-mère savait pertinemment le grand malheur qui allait s'abbatre sur la famille française.

Ne pouvant plus retenir ses propos grand-mère s'exclama

<<oh malheur oh quel malheur ....femme blanche qu'as-tu fais ?

Je savais bien que ce fut une mauvaise idée de mon petit fils de vous amener dans ce village. Femme blanche ne te rends tu pas compte de l'erreur que tu viens de faire...?!! Abomination.

Ce pupitre est vieux de plus de 100 ans.Il a été édifié en mémoire du grand " OLATOUNDE " le seul guérier qui a pu sauvé notre village de cette malédiction.Cette terrible malédiction.>>

Grand-mère tout en marmonnant des injures à l'endroit de la famille française s'en alla dans sa case afin de méditer et se préparez au malheur qui va s'abbatre sur le village.

Stupéfait et ignorant des croyances et principe du village d'Ignace , Jacques interrogea son fidèle ami.

<<Ignace mais que se passe-t-il !! Ta mami s'en prend à ma bien aimée pour une simple histoire de pupitre. Mais dis-donc des pupiltres je peux t'en trouver par milliers...>>

Comme pour vanter les traditions de son village ,Ignace prit le temps d'accompagner Jacques dans un lieu plus calme afin de tout lui expliquer.

Plutard à la nuit tombée ,les festivités continuèrent sous l'ordre et la coordination de oncle Bernard.

Bientôt venu le moment du repas familial.

Grand mère ne montra aucune envie de prendre part à ce repas quel qualifia de "banquet maudit par les fesses de blancos"

Tout était fin près, la grande table du village était garnie de mets de diverses formes, diverses saveurs, diverses couleurs accompagnée de la célèbre boisson du village le "Tchouc"

Les frères d'oncle Bernard et toute sa famille était à table.Il ne manquait qu'à l'appel Ignace et Jacques .

Pendant ce temps là.. dans la case d'Ignace une discussion eu lieu entre les deux amis opposés par la couleur, opposés par les mœurs.

<<Jacques Mon grand ami Jacques..Vois-tu!!
Les traditions de mon village sont un peu comme ces lois dont tu m'as parlé en France.
L'une de ces traditions est celle du pupitre .

Comme le disait grand mère notre village était

au bord des assauts des villages voisins depuis un siècle passé Au moment de désigner le guerrier qui allait relevé le défi de combattre le chef de nos assaillants,une prédiction fut faite par la grande prêtresse

Cette prédiction affirmait que le guerrier qui allait affronter le chef du village voisin en combat singulier allait perdre la vie en terre ennemi. Les prédictions furent justes "OLATOUNDE" vainqueur du combat réussi à délivrer notre village mais sur le chemin de retour il fût transpercé par une lance . Personne n'eût le courage d'aller chercher son corps.Nos ancêtres étaient tellement occupés à célébrer la victoire qu'il oubliait de rendre mémoire au jeune guêrier ayant donné sa vie pour les leurs. Quelques jours après cette victoire au goût salée, le fameux pupitre sur lequel Franscine s'est assis apparue, au milieu de la grande cours du village. Les prêtesses affirmaient que ce fût l'esprit du jeune martyr qui étaient venus se réfugier dans le village ,attendant son moment de vengeance. Il fût donc interdit par les sages de s'asseoir sur ce pupitre.,>>

Émerveillé par la petite histoire, Jacques prit conscience de l'erreur inconsciente de sa bien aimé

<<Ignace je comprends maintenant la réaction dramatique de ta Mamie .N'y a-t-il rien pour éviter ce grand malheur dont elle parle ?..>>

Ignace rétorqua

<< Malheureusement non le mal est fait ....

Allons profiter de la fête organisée par oncle Bernard en ton honneur puis nous croisons les doigts afin que toute cette histoire ne soient qu'une vielle légende.

Sans rechigner les deux amis rejoignit la table du village .

Où leur attendant chants et pièmes écrient à leurs effigies.

Qu'est ce qu'un ami?

Une âme identique à la tienne

Avec laquelle tu rêves d'un jardin d'édëne

Te rassurant jours et nuits

Sans dire mots ni récits

Voilà ce qu'est un ami

Une sorte d'écuillet

Toujours à nos côtés

Garant de notre intégrité

Contre vents et marrées.

Voilà ce qu'est un ami

Reçois donc ma pensée

Triste d'ailleurs,

Qui,comme une rosée

T'arrive en pleurs ma vielle amie.

Aimons donc nos amis,car tout le proclame

Car l'esprit seul éclaire peu,

Et souvent le coeur d'un ami

Est l'explication de Dieu.

Car l'esprit seul éclaire peu,

Et souvent le coeur d'un ami

Est l'explication de Dieu.

Grand-mère les observait à travers la minuscule fênetre de sa case .

<<Quelle bande de colonisés.... >> Le lendemain matin il était temps pour le couple français de retourner au pays mais Jacques surpit tout le monde par cette décision inattendue.....

C''est le petit matin.Le soleil se lève sur le village. Les rayons de lunes disparaissent progressivement et laissent place au soleil qui s'installe à petit coup dans le village. Les bonnes femmes ont déjà pris la route du marigot une fois la prière commune terminée. Les hommes quant à eux se préparent pour la chasse matinale.Le couple français se leva très tôt étant donné la famille de moustiques qui les empêchaient de dormir profondément. Ignace quand à lui se préparait à annoncer la grande nouvelle à toute sa famille.

Tous se réunirent à la grande table du village attendant Ignace.

Ce dernier ne traînait pas .

<<Bonjour à tous et à toutes. Je vous ai réuni ici ce matin pour vous faire part d'une décision que j'ai prise.En effet il était convenu que je reste au village une fois Jacques répartit en France. Mais je ne peux m'éterniser ici. Ma conscience ne me le permet pas. Mon esprit,mon âme, tout mes menbres se sont éprient d'une jeune

française que j'ai rencontré après avoir raccompagner Jacques lors d'un procès. Cette jeune femme ....Que dire je n'ai pas de mot pour qualifier sa beauté. Tout à commencer un lundi matin. Jacques était censé défendre une dame accusée de détournement de fonds publics. La voiture de Jacques étant tombée en panne j'avais décidé de lui porter secours en le déposant au tribunal. Arrivé l'as bas tout se passa comme prévu . Jacques fut arrivé à temps pour défendre sa cliente .

Je l'attendais patiemment dans le véhicule quand je vis Inès cette femme...que dire .

Elle avait les cheveux châtains,les lèvres dignes d'une belle princesse amazone.Son teint café me faisait voler au septième ciel. J'avais l'impression de faire le grand huit quand je l'ai abordé .. cette femme que dire. Elle avait une voix très fine et un accent particulier .On ressentait bien son accent américain avec des petits "Yes I'm fine" ou des "Ok no probem"

Bref j'ai décidé de faire ma vie avec elle. Ainsi je vais retourner m'installer avec elle en France. Je pars dès aujourdhui avec Jacques.>>

Toute l'assemblée était muette face aux confessions d'Ignace qui n"avait pas l'habitude de montrer son côté sentimental.

Tous sauf Grand-mère. Elle était rouge,rouge de colère et de dédain.

Les veines parcouraient tout son corps comme ces feuilles de Nîmes qui pendaient dans la cour du village.

<<Que racontes-tu là !! Mal élevé Après tout ce que nous avions fait pour toi tu décides de nous abandonner. Je savais bien que c'était une mauvaise idée de suivre ce blanco.Non seulement ils nous ont colonisés physiquement ils essaient aussi de nous dépouiller de nos

progénitures . L 'amour,cet amour va te rendre fou petit colonisé>>

Ignace coupa la parole à sa grand-mère (ce qui était rarement arrivé)

<<Oui grand-mère je suis fou. Fou amoureux de cette française. Ma décision est prise je retourne définitivement en France.> >

Ignace finissait à peine ces paroles quand ils s'en alla à l'aéroport avec le couple français. La vie au village reprit son cour normal mais l'absence d'Ignace n"était pas anodine.

Grand- mère assis sur sa chaise fêtiche murmurait des injures à l'endroit de tout ces blancos qui ont rendu possible les voyages aériens.

Plus tard à l'aéroport ,il ne restait que quelques minutes pour que l'avion dans lequel Ignace,Jacques et Françine étaient.

Ignace très pensif était absorbé par ce nouveau

départ.

< Ah c'est un grand moment pour moi. Je ne peux pas laisser cette chance m'échapper. Cette chance de me marier enfin à la femme que j'aime . Tout ses gens aux villages ne peuvent pas comprendre le sentiment que ça fait quand on aime une personne.

Ah l'amour ...ah l'amour .

L' Amour

Quel est ce sentiment étrange

Qui échappe à tout mes sens.

Sensation si obnubilente

Me propulsant à la résonnance

A la fois onde de haine.

Elle demeure dans mon coeur

Tel une colombe dépourvue de serres

Se débattant entre mes veines.

Epris d'amour je ne peux qu'éprouvé charité
pour ceux qui j'avais juré animosité

Aimons sans arrière pensée

Tout âme que vous rencontrez

Car ne sait on jamais

Où le sort peut nous emporter

Telle est ma pensée

.....Ignace prit son vol et ce fut un nouveau départ.....

2- ALESSi ou la Mission du Christ

Il était l'heure pour Monsieur Marcus de chercher son fils ALESSi de l'école. L'atmosphère sur le chemin était assez macacabre. Monsieur Marcus se demandait quel genre de problème va t-il rencontrer là bas vu la réputation assez spéciale de son fils ALESSi.

ALESSi était un enfant très agitée. Certains l'appellait le petit démon d'autres n'osaient même pas l'approcher.Déjà à six ans ALESSi essaya pour une raison inconnue de poignarder l'un de ces camarades de classes. Heureusement les autorités compétentes du collège furent venues à temps pour séparer les deux apprenants. Mais ça n'a pas toujours étê le cas . Beaucoup de mésaventures se sont produites dans l'école d 'ALESSi à cause de l'inattention des enseignants. Le Ministre de l'enseignement secondaire aurait même effectué une descente spécilae dans le dit établissement afin de voir la qualité des enseignants.Suite a cette opération inopinée toute l'équipe administrative a été modifié. Dès lors des mésaventures aux allures sanglantes ont cessé d'animer les discours des parents lors des réunions Parents-Elèves.

Arrivé dans l'établissement Monsieur Marcus constatait que sont fils n'était pas au lieu de rendez-vous habituel . Monsieur Marcus s'interrogeait silencieusement

<<Où est doncl passé cet enfant ?,Prendre une glace? Jouer avec des copains ?

Non ce n'est pas son genre .Je ferai mieux d'aller au poste de police le plus proche.Il a surement dû été arrêté pour un délit quelconque>>

Dépassant le feu tricolore avec sa célèbre

mobilettte.Ah cette mobilette ...tout le quartier reconnaissait le passage de Monsieur Marcus au simple son de sa mobilette.Un son qui faisait fuire les corbeaux du quartier ,qui eux même n'osaient pas reprendre les couplets de la mobilette. De loin l'instituteur retraité vu son fils dans le véhicule d'une jeune femme.Par la même occasion ALESSi reconnue son père.Les deux engins jugèrent bon de s'arrêter. Une discussion s'engagea entre ces derniers.

<<Bonsoir Madame mais où aviez vu remorqué mon fils. Je l'ai cherché partout ?>>

Dans le même temps Monsieur Marcus s'ardressait à son fils

<<Petit insolent je te ferai ta fête une fois à la maison>>

La jeune femme descenda ses lunettes de soleil puis rétorqua à Monsieur Marcus

<<J'ai vu votre fils en plein milieu du trottoir

avec une ardoise à la main sur laquelle il était écrit

COGNER MOI S'IL VOUS PLAÎT ,JE NE VEUX PLUS VIVRE.>>

La jeune femme continua<< Ce message m'a paru étrange j'ai donc décidé de le ramener dans son établissement afin qu'il retrouve ses parents>>

Le discours de la jeune femme n'etonnait guerre Monsieur Marcus il connaissait son fils ,il connaissait aussi ses envies meurtrières>>

Monsieur Marcus n'eu d'autres choix que de remercier la jeune femme

et de prendre son fils avec lui afin de retourner à la maison.

De retour Monsieur Marcus demanda clairement à son fils la raison pour laquelle il avait posé cet acte jugé de succuide.

ALESSI lui dit clairement

<<Je ne veux plus vivre.Il n'y a rien a accomplir dans ce monde. Ma mission est terminée. Je dois retourner là où j'ai quitté>>

Monsieur Marcus ne comprenait toujours pas de quelle mission parlait son fils mais étant donné qu'il avait une réunion importante il n'eu pas le temps de discuter du sens de la vie ou de la mort avec une gamin. La baby-sitter de retour, Monsieur Marcus remonta sur sa mobilette.

Les secondes passèrent,les minutes défilèrent,les heures s'éternisait ALESSi et Bénédicte sa baby-sitter ne parlait pas.Aucu' dialogue entre les deux. L'air qui traversait la salle était très frais.

La jeune baby-sitter, après avoir fini les tâches domestiques se reposait comme d'habitude sur le sophat tout en étant connecté sur son réseau social favoris oubliant le petit ALESSi.

Bénédicte n'était pas une de ses filles modèles. C'était une étudiantes en instante de soutenance pour la licence.Elle profitait donc de son temps libre pour surveiller que dire faire semblant de surveiller le jeune ALESSi.

Couché sur le sophat,la télévision allumé la jeune étudiante n'entendais plus les cris ni les dires du jeune ALESSi. Soucieuse pour la première fois du sort du <<petit démon>> elle dit un tour dans le jardin. Elle découvra le jeune ALESSi la tête plongé dans une bassine d'eau. La peau qui tendait vers la couleur bleu. ALESSi avait une fois encore essayé de se suicider .

Rapidement Bénédicte dégagea la tête du jeune petit de cette marre d'eh qui allait peut être devenir son billet pour la mort. ALESSi ne semblait pas comprendre la gravité de l'acte qu'il venait de commettre il riait presque des sueurs froides qkui glissaient le long du corps de la jeune étudiante,prise de peur.

Pendant ce temps Monsieur Marcus sa réunion terminée décida comme d'habitude de passer dans le<< Winter close>> Ce bar américain qui avait ouvert ses portes dans le centre ville .Les autorités locales était pourtant contre cet établissement de moeurs légères qui donnait la possibilité aux citoyens landas d'essayer ainsi que de se soulager avec quelques jeunes filles bien empotées.

Monsieur Marcus était un client fidèle. Il attendait toujours la tombée de la nuit pot faire irruption dans le bar en question demandant toujours deux jolies jeunes filles aux allures des bouteilles de Fanta citron. Une fois sa sale besogne finie,ses fantasmes sexuels atteint le jeune instituteur regagnait sa maisonnette.

ALESSi,une fois ses devoirs finis de coucha sans attendre le retour de son père. Mlle Bénédicte pris donc soin de laisser un mot sur la table de Monsieur Marcus .

<<Monsieur Marcus je ne peux plus continuer à surveiller ALESSi,un jour il mourra peut être sous ma surveillance.Je ne peux avoir la conscience tranquille en étant a côté d'un gamin qui ne cherche qu'à s'ôter la vie. Je suis sincèrement désolée. Aujourd'hui une fois encore il à tenter de se noyer en plongeant sa tête dans une bassine d'eau. Je suis encore une fois désolée>>

Et ce fut du ces derniers mots que la jeune étudiante ne metta plus les pieds chez Monsieur Marcus.

Le jeune instituteur connaissant le problème de son fils savait pertinemment la peur que pouvait ressentir Mlle Bénédicte.

Le lendemain matin Monsieur Marcus fut licencié comme bon nombre d'instituteur de la région.En effet ces derniers n'avais pas répondu présent au contrôle annuel qui se faisait toujours dans l'établissement. Contrôle qui permettait de connaître le nombre d'enseignant voullant continuer d'exercer leur métier. Ce noble métier qu'c'est l'enseignement.

C'est quoi un enseignant ?

Ce n'est pas celui qui nous dispensent les cours.

Ce n'est pas non plus celui qui nous punit

Jours et nuits.

Alors c'est quoi un enseignant ?

C'est celui-là qui nous donne le savoir.

Ce même monsieur nous racontant ses aventures.

Tant intéressantes qu'enuyeuses.

À toi enseignant de mon pays!

Continues ta mission divine.

N'oublie pas tes origines.

Rassembles ces esprits

Enterre leurs soucis .

À toi enseignant

Ton métier est un sacerdoce.

Nul ne choisis l'enseignement pour s'enrichir.

Mais pour enrichir des âmes.

Toi enseignant de mon pays

Je préfère t'appeler

Educateur du pays

Flambeau de la réussite.

Éleveur d'âmes

Tel sera ton remue-ménage

....Un samedi soir au environ de seize heure le jeune ALESSi décida de jouer à cache-cache avec son père. C'était pour la première fois que ces deux montagnes se croisait sans état d'âme.

ALESSi eu la mauvaise idée de se cacher dans un de ces placard à balai dand lequel l'air ne pénétrait pas. Le jeu était sur le point de commencer. ALESSi s'était caché. Tout à coup le jeune instituteur reçut un message qui affirmait que les enseignants autrefois licencié allait retrouver leur fonction.Et pour ce faire il était important pour eux de confirmer leur choix. Monsieur Marcus n'eu pas le temps de prévenir son fils. Surexcités par la nouvelle il démarra sa mobilette d'un coup de pédalette. La porte du placard à balai était capricieuse ALESSI n'arrivait plus à respirer.Il n'en pouvait plus .Mais il n'y avait pas d'issus.Il avait réussi à faire l'amour avec la mort. Le corps du jeune petit venait de s'éteindre ,ses yeux restés ouverts.

Après avoir confirmé son choix Monsieur

Marcus revenus Une heure aprestà la maison.Mais il était trop tard le jeune petit,le petit démon avait réussi sa mission :celle de sa sera un solo avec la faucheuse. Monsieur Marcus fondit en larmes et compris sur le coups que Dieu ne donne pas tout.

Dieu ne donne pas tout!

Même si Dieu donnait tout

Nous douterions

Toujours de son amour pour nous!

Dieu ne donne pas tout!

Prives certains de menbres

Épargnes d'autres d'un destin étrange.

Prives certains de la vue

Épargnes d'autres de la rue .

Dieu ne donne pas tout!

Il a donné son tout

À chacuns de ses fils

À chacunes de ses filles .

Profitez donc du cadeau que Dieu vous a donné.

Car il est impossible de tout réclamer.

Fructifiez ce don que Dieu vous a offert.

Car sans lui vous ne saurez quoi faire.

Dieu ne donne pas tout.!

Mais nous protège partout.

3- ADETI OU LA JEUNE PRODIGE.

<<Parle ne peux tu pas parler? tu as une bouche je crois ou n' est-ce qu'un trou facial >>disait sa mère

<<calmez-vous mère ce ne serait que verser toute l'eau de fidjrossè sur le dos d'un canard>>

Nous connaissons tous le problème de Adeti >> disait ALESSi.

Encore une fois Adeti était calme et observait la scène .Ses yeux vides de sentiments comme ceux d'un poisson. Ce genre de poisson dont on ignore l'espèce. Adeti était toujours calmes. Les bruits de sa mère pénétraient d'une oreille et en sortaient de l'autre. Encore faudrait-il savoir si elle les entendait. Son visage ne reflétait rien. On aurait dit une bière debout. Debout elle le fut lorsque son frère ALessi fut victime des doux câlins d'un couteau nouvellement acheté. Son ingérence dans cette affaire lui valut ces quatres heures de réprimandes auxquelles elle n'avait rien à faire .

Autrefois Adéti était une fille toujours souriante pleine de gaieté et de compassion. Tellement elle pouvait partager son bonheur avec les autres comme Dieu là fais avec le pain et le vin .

Elle entamait toujours des dialogues très perplexe

<<Papa à quoi sert l'école ?>>

Son père, monsieur Tamaso répliquait toujours en disant <<Pour gagner de l'argent plus tard ma fille Pour ne dépendre de personnes.Pour se faire des sous en trouvant un travail bien rénuméré.Tu sais je ne suis pas contre l'émancipation ni pour aussi , mais tant qu'il y aura de l'argent a la clé , c'est fini .Si les filles

doivent aller à l' école et se trouver plus tard un travail qu'elles y aille ,à condition de verser de temps en temps des sous à leur parent.Ma fille va à l'école, trouve toi un bon job,un mari,mais n'oublie pas tes parents.>>

Adétit lui retrorqua. <<Je vois pour toi je dois aller àl'école pour te nourrir.Je dois aller dans cette école pour finir sans emplois comme mon frère aîné.Aujourd'hui l'école est une fosse au chômage,les gens ne font que la remplir.De plus ton attention pour l'argent est pathétique>>

Mr Tamaso,bien que fustrié garda son calme son sourire et lui dit

<<Qui t'as parlé de chômage ?!Es-tu sur d'avoir sept (07) ans ?tes propos me rendent dubitatif sur ton âge.

Sache que l'argent ne fait pas le bonheur mais il y contribue. Je n'ai que faire des raisonnements d'une fille de sept(07) ans.Ce sujet est clos.>>

C'était toujours comme ça.Adeti posait des questions qui dépassait l'entendement on eu i dit qu'elle avait dix(10)années de plus .Même son professeur était bouche Tée devant sa perspicacité .Son titulaire dû envoyer une lettre à ses parents lettre dans laquelle il parlait de l'enfant prodige .

<<Bonsoir Monsieur et Madame Tamasso. Comment allez-vous ?

Moi je vais bien .J''aimerais vous faire part de quelques remarques à propos de votre fille adeti .Adeti est une enfant prodige. Vus son intelligence ,sa capacité à résoudre des problèmes d'algèbres sans calculatrice , ces questions du genre "monsieur si Dieu existe pourquoi n'a-t-il pas fait un miracle pour votre chambre?!"

je crois qu'elle a le niveau pour aller dans la

classe au-dessus .L'absence de concurrence dans sa classe peut faire chuter son niveau.

Ainsi je crois non je suis sûr qu'il faudrait lui sauter une classe ainsi elle sera confrontée à des problèmes de sa taille.

Donc veuillez agréer à cette demande. Toutefois je me vois dans l'obligation de vous faire part de son côté affectif un peu moins encourageant. En effet depuis le début de ce trimestre adeti a changé elle ne parle plus. Ne nous questionne plus. Souris moins et est plus acerbe.

changement de comportement bien qu'il n'affecte pas son rendement intellectuel je crois que vous devrait y trouver une solution.

Merci bien ,monsieur Cleveland>>

Après la lecture de cette lettre inquiétante, les parents d'Adeti jugèrent bon de répondre cordialement à monsieur Cleveland qui était un de ces directeurs d'école qui tenait à cœur ces élèves comme les pots- de vin dont des parents huppés lui faisait grâce

pour réhausser le niveau de leurs enfants.

Sa formule était simple :<< un caillou sur le dossier de votre enfant et c'est dans la poche >>

Toutefois le caractère de Adeti lui faisait oublier toutes ces magouilles. Jamais il n'avait vu une fille de sept(07) ans s'exprimer de la sorte ,lire des romans de Shakespeare ou d'autres auteurs très anciens.

Suite à sa lettre les parents d'Adeti décidèrent d'y répondre sans plus attendre .

<<Compte tenu de votre lettre tenant lieu du comportement acerbe de Adeti nous vous promettons de résoudre le problème. En ce qui concerne l'optique de l'insérer dans une salle

adaptée à ses capacités intellectuelles nous ne trouvons pas de soucis.

Nous prenons en charge le comportement de notre fille merci pour vos intentions envers elle PS : vous trouverez dans l'enveloppe la tranche du mois de septembre y compris les frais annexes dont on avait parlé.>>

Dès lors les parents de la jeune fille se mirent à chercher l'origine de l'incapacité ou de la volonté de leur fille a parler.

Ces derniers firent le tour des médecins du pays mais c'est toujours le même rythme

<<votre fille ne souffre d'aucun mal qui pourrait l'empêcher de parler c'est juste de l'adolescence >>

Mais cette réponse était trop insatisfaisante. Tellement leur fille avec l'aspect d'une muette.

Elle était comme un corps inanimé .L'inquiétude était à son comble .

Mais qu' arrivait t-il à cette fille? Pourquoi ne parle t-elle pas?

Ces questions taraudaient l'esprit de ses parents comme les mauvaiss esprits taraudent es fidèles à la porte du paradis .

Aucun des membres de la famille de Adeti i ne souffrait d'un tel problème pour qu'on eu parler de problème génétique .

Parlant de la génétique la mère de adeti avait une position bien radical

<< la génétique ne sert à rien c'est contre moral de faire des expériences sur la vie humaine.

Non pas que je suis contre la fabrication des vaccins des séromes ou encore des hormones mais cela aura un impact à long terme sur la vie humaine les expériences comme le clonage c'est une aberration .Ces médecins arrivent à cultiver des bactéries.

Cependant Ils me diront qu'ils sont incapables

de trouver un remède contre ce virus. Ce virus qui peux être tuer avec le savon . J'en rirais presque.>>

Après avoir fini son année scolaire ,Adeti ne trouvait que de refuge dans les livres .Pour elle le livre retrace la vie et la vie est un livre. Elle se plongeait toujours dans ses lectures interminables .Cela faisait plus de 4 mois qu'elle ne parle plus . Elle répondait toujours avec un signe de la tête ou juste par un silence . Un silence comme celui dans le désert .

Silence, silence pour certains c'est de l'insolence

Pour d'autres c'est de l'insouciance

mais je crois que c'est un porteur de message

un message que seul l'âme des morts peuvent déchiffrer

Silence, synonyme de faiblesse ou d'insouciance

d'or ou d'argent ? il est une forte exigence

Face à ce monde injuste et stricte.

La relation entre à Adeti et sa mère n'a pas toujours été bonne Adeti se rappelait ce jour où elle avait cassé le vase de sa mère. Ce vase venait de Chine. Ce genre de vase que seuls savaient faire es membres de la dynastie "Lee" . Mais la jeune fille n' en avait rien à faire .Elle se fichait que ce vase venait de la Chine ou de quelques pays asiatiques .Pour elle ,c'est dévalorisant et luisant . On ne saurait lécher les bottes des occidentaux , au profit de notre aliénation culturelle . Développer sa culture c'est important.

Les investigations sur le mal de Adeti continuèrent .Après avoir bien réfléchi la mère de la jeune fille décida de faire recours aux traditionalistes . Dès lors un débat s'engagea entre les parents de la jeune fille.

<< Quoi tu veux qu'on aille gaspiller notre argent chez ces voleurs et arqueurs sans pudeur ?

<<ces voleurs comme tu les appelles jouaient un rôle incontournable avant les médecins et cela fait partie intégrante de notre culture .>>

Après un long débat ,les parents de Adeti décidèrent ensemble d'amener leur fille chez le guérisseur .

Arrivé là-bas le décor était le même . Des peaux d'animaux étalées sur le mur décoraient un peu partout . La corne de rhinocéros coiffait la petite case du guérisseur. Ce dernier fit plusieurs incantations puis plongea la main de la jeune fille dans une décoction mystique dont seuls les gens de sa catégorie ont le secret. Il lui fit croquer plus tard un de ses fruits aux allures dégueulasses mais qui s'avèrent être un pont entre la vie et la mort.

Sur le coup la jeune fille poussa des cris assourdissants qui inquiètaient ses parents. Ils se demandèrent s'ils avaient bien fait d'amener leur fille chez cet homme.

La vie venait de faire l'amour avec la mort

Les deux se fusionnèrent

Tel un élastomère

Le surnaturel devint naturel

Le naturel devint surnaturel

Eclipse de saveurs.

Pour la première fois depuis des mois Adeti venait de parler.

<< Mère mon l'iincapacité que j'avais à parler, est due à un fait qui remonte à ton voyage pour le Togo.

Ce jour-là j'étais seul. ALESSi et grand frère étaient sortis. Je lisais quand père est rentré.

Son attitude était bizarre. Il avait l'air saoul. >>

À cet instant précis la mère de la jeune fille se rappela de cette époque où son mari plongea dans l'alcool et le tabac seuls consolateurs lorsqu'il fût virer de la RIS (Rassemblement des Instituteurs de Science) .Devenu un ivrogne, il se noya dans des rivières de liqueurs sans penser à prendre sa bouée de secours.

La fille continua son récit acerbe devant les yeux hagards de son père et le guérisseur.

<< Père est rentré dans ma chambre .Il avait du mal à marcher il ne m'a dit mots. Il se jeta sur moi. Il m'a violé . il m'a déviergé . J'étais allongé sur le lit sans mot dire j'avais perdu l'usage de ma voix >

Et ce fut là les dernières paroles de la jeune fille . Adeti venait de partir pour l'autre monde.

Jeune prodige sans raison de vivre

Paroles abstraites par son père

Adeti était comme un navire

Qui n'a jamais accoster en mer

Jeune prodige sans raison de vivre

La fille venait de partir

C'est l'euthanasie.

La mère de Adeti regarda son mari avec dédain

<< Robert qu'as-tu fait?>>

Favell ADJE

I want morebooks!

Buy your books fast and straightforward online - at one of world's fastest growing online book stores! Environmentally sound due to Print-on-Demand technologies.

Buy your books online at
www.morebooks.shop

Achetez vos livres en ligne, vite et bien, sur l'une des librairies en ligne les plus performantes au monde!
En protégeant nos ressources et notre environnement grâce à l'impression à la demande.

La librairie en ligne pour acheter plus vite
www.morebooks.shop

KS OmniScriptum Publishing
Brivibas gatve 197
LV-1039 Riga, Latvia
Telefax: +371 686 204 55

info@omniscriptum.com
www.omniscriptum.com

Printed by Books on Demand GmbH, Norderstedt / Germany